Mit Freude

Annelie Bruckmann

ANNELIESE BRUSTMANN

Mei Babbelschnut un ich

Heitere und besinnliche Gedichte
in Frankfurter Mundart

Mit Zeichnungen von Peter Schäfer

Verlag Waldemar Kramer

Die Deutsche Bibliothek – CIP-Einheitsaufnahme
Ein Titeldatensatz für diese Publikation ist bei
Der Deutschen Bibliothek erhältlich

ISBN 3-7829-0499-0
Umschlaggestaltung: Peter Schäfer, Frankfurt am Main
Druck: betz-druck GmbH, Darmstadt
Buchbinderische Verarbeitung: C. Fikentscher GmbH, Darmstadt

Inhalt

Familieres – lieb un herzlich

E bissi besinnlich

Advent – Weihnachte un Jahreswechsel

Frankfort-Impressione

Vorwort

Kenne sie Glokalisierung? Mit „k“ in de Mitt, net „b“ wie Globalisierung. Kenne se net? Mecht nix. Weil: jeden Tag wird e neues Wort erfunne oder genauer: übernomme. Ausm englische oder amerikanische. Anglizismen nenne des die Fachleut. Also: wann se „fun“ hawwe wolle, dann gehe se uffn „event“. Meistens ist des „on stage“ oder „open air“, und um se erum sin als nur „kids“. Un die „tickets“ für des event krieht mer am „servicepoint“, gell. Un überhaupt: unser Frankfort is die „Euro-City“, logo … korzum: Plastikwörter wo de hinhörst. De Geedhe (Goethe) würd die Brocke hieschmeisse, wann mer sei Sprach so verhunze tät.

Was des mit „Glokalisierung“ zu tun hat? Ganz aafach: weil unser Welt immer mehr en Dorf geworde is, wo mer schaffe un die Wirtschaft produziern kann wo se will, überall, ob in Seckbach, Casablanca oder Katmandu, weil's kaa Grenze mehr gibt. – Globalisierung nennt mer des – un weil die Familie net mer so zusammehalte wie früher, es immer mehr „Singles“ gibt – Wertewandel nennt mer des – desdeweche sehne sich viele Leut widder nachm bissi „Heimat“

in dere fremde (globale) Welt. – Wo's e bissi kuschlich is, wo mer sich wohlfühlt un mit de annern schee schwätze un babbele kann. Des „zurück zur Region“ nenne die Fachleut „Glokalisierung“. Mit „k“ in de Mitt. – Warum dränge sich die Leut heut widder um die „regionale Küche“? Haspel, Handkäs, Grie Soß, Schlachteplatt, Stöffche (pardon: Äppler) und so. Desdeweche! – Drum freu ich mich, des unser Bernemer Mädche Anneliese Brustmann widder die Fedder geschwunge hat und Heiteres, Besinnliches in ihrer Muttersprach (!!) zum Beste gibt. Damit mer bei alle „highlights“ in de „Euro-City“ net des klaane un alltächliche von uns un de Nachbarn vergesse, gell. –
Viel Spass beim Lese un genieße. Ohne „Anglizismen“!

Ihne Ihrn Frank Lehmann

Mei Babbelschnut un ich

Ich kenn zwaa ganz Fidele
aus unserm Frankfort hier am Maa,
die duhn so gern erzeehle,
was hier bassiert un aach was war.

Wies Feuer samt de Flamme
sin die aan Bobbes, Kopp un Herz
un bastle des zusamme
was Leut beweecht in Freud un Schmerz.

Zwaa Schelme sin se unner sich,
denn Ohrn un Aache sperrn se uff
un komme manchem uff die Schlich,
der gar net war erpischt da druff.

Doch niemand könnt je flenne
un hädd in Zukunft Angst devor.
Die Zwaa duhn ja net schenne,
betrachde alles mit Humor.

Des Teamwork duht zwar klabbe,
doch hat aach jeder sei Ressort.
De Aane duhts verzabbe.
De Annern kleids ins Sprachdekor.

Dann redd mer von Gedichte,
Geschichtcher, Versjer odder Sprüch.
Mit Freud duhn mir berichte,
mir Zwaa, mei Babbelschnut un ich!

Däächliches Lewe heider betracht

Das Versprreche

Uffs Hochzeitfeiern, des is klar,
da is de Mensch versesse.
Doch Hochzeitsdaache – Jahr fer Jahr –
die wern als oft vergesse.

Was net fer unsern Peter gilt.
Der will kaan Zoff entfache,
daß jaa sei Frache net, wie wild,
am End duht Zerkus mache.

Un heut is der bewußte Daach:
Er leecht e Päckche hie.
Sei Lissabeth riskiert e Aach
un maant mit Ironie:

„Ja, des Geschenk is werklich schee!
Doch läßt sichs net verhele,
daß hier von dene Pralinee
ja schon die Hälft duht fehle!“

Da maant ihrn Mann ganz unverfrorn:
„Ich wollt mich bloß beeile
un mache, was mer einst geschworn:
In Ehrlichkeit zu deile!“

Gedankelos

En Bus, der fährt nach Kalbach naus
un is gestoppte voll.
En miede Mann der schläft sich aus
un schnarcht in Dur un Moll.

E Fraache, des hockt still debei
mim Häkelzeuch un schafft,
was sie nach Haldestelle drei
dann schnell zusammerafft.

Sie worschtelt sich nach vorne dorsch
mit Dudde un mit Dasche,
wobei se schnauft un stöhnt ganz orsch
un kleppert aach mit Flasche.

Em Hund noch dappt se uff de Schwanz.
Der knorrt ganz grimmich: „Wuff!“
Doch endlich isse drauße ganz
un schnauft erleichtert uff.

Bevor se awwer weider leeft,
da kreischt se wie besesse:
„Mein Alde hockt da drin un schleeft!
Den hawwich ja vergesse!“

De neue Strohhut

Die Ria rieft ihr Freundin aa:
„Mehr gehn e bissie schnorrn!
Des Wedder is heut wunnerbar!
Jetzt isses Sommer worn!

Ich brauch en neue Sommerhut
fer unser Urlaubsreis.
Doch Sparsamkeit lieht mir im Blut.
Ich hoff zum Schnäppchepreis.“

Knapp dreißich Hüt wern uffprobiert
mit Franse, Schlipp un Blumme.
Die Freundin is schon exaltiert
un duht vor Unmut brumme.

Doch plötzlich rieft die Ria aus:
„Den Hut hier find ich stark!
Der hat de annern viel voraus.
Da spar ich zwanzich Mark!“

Am Abend rieft die Freundin aa
– es is so korz vor acht –
un fräächt: „Was hat Dein Mann, der Schaa
zum neue Hut gesacht?“

Die Ria seufzt: „O jeh – o jeh.
Der hat mim Freudeschrei
gemaant: „Was is des Körbche schee!“
Un hat die Breedcher nei.“

Sensationell

De Josef Jammer lieht im Bett
mit Schnuppe un mit Schmerze
un seiner Ehefraa Annett,
der geht des orsch zu Herze.

Sie mächtem Wickel – wunnerschee
un flößtem ei sei Troppe,
kocht dippeweis de Hustetee
un duht sich grad verrobbe.

E Nachbarin, die kimmt gerennt,
duht nach dem Josef fraache:
„Wie gehts denn heut, so, dem Patient?“
Annett, die duht rer saache:

„Net gut – un hörn se zu Fraa Hersch!
Mein Mann hat sich erkält.
Der hat sich uffem Römerbersch
dort in de Zuuch gestellt."

Des Fraache guckt da ziemlich err.
– Sie is im Kopp net hell – .
Wetzt gleich enunner ins Parterr
geschockt un blitzeschnell.

„Fraa Pimpernell", rieft jetzt die Hersch,
„ich hab grad was erfahrn!
Ei iwwer unsern Römerbersch
fährt jetzt die Eisebahn!"

Des akustische Druckmiddel

Disput un Knatscherei im Haus,
des gibts halt immer widder
un eilt Empfindlichkeit voraus,
folcht oft e laut Gewidder.

So wie bei Schalls im dridde Stock.
Da fällt des Wort: „Bagaasch!"
Des rieft e Fraa im Morjerock,
dort von de vert Etaasch.

Dann schennt se weider: „Ei, so speet,
da kann mer doch net blase!
Ihrm Joachim sei Basstrompet,
die bringt aam ja zum Rase!

Un wenn des als so weider geht,
dann duh ich Euch bestrafe
un morje gleich meim Sohn, dem Fred,
e ganz groß Schlaachzeuch kaafe!“

Die Schuldutt

Kennt Ihr vielleicht die Inge Zupp?
Die duht e Schuldutt traache
mit bunte Dippel un mit Schlupp.
Herr Wal, der duht se fraache:

„Fraa Zupp, wo wolle Se dann hie?
Ich käm zu gern dehinner.
E Schuldutt, größer bald als Sie.
Sie hawwe doch kaa Kinner!“

„Die Dutt is fer mein Mann, Herr Wal,“
sächt stolz die Zuppe Inge.
„Den duh ich doch zum erste mal
heut in die Fahrschul bringe“

E doll Aussicht

De Oba Müßich – achtzich Jahr,
hockt uff de Bank im Schadde
un hat e Aussicht – wunnerbar,
direkt in Nachbars Gadde.

Er schmunzelt un is mäusjestill,
erstaunt un selbstvergesse.
Sei Fraa, die holt die Werscht vom Grill
un rieften dann zum Esse.

De Oba, awwer, duhts net hörn.
Die Oma mächt Gediwwer
un duht sich forschbar aach empörn.
Doch guckt ihrn Mann als niwwer.

Was kannen dort so fasziniern,
deht gern die Oma wisse.
Er will un will doch net pariern,
guckt iwwern Zaun verbisse.

Erschrocke werd ses dann gewahr
un schennt: „Des is e Sünd!
Des Meedche hat ja fast nix aa!
Da werst De mer ja blind!"

Die arme Fieß

Des Kättche sächt: „Ich brauch e Klaad!
Mein Hans, Du waaßt's seit Woche.
Un sins aach dreiundreißich Grad,
versproche is versproche!

Komm, schnapp Derr schon Dein Sommerhut!
Mer misse endlich gehe!
Un zieh mer ja kaa Bambelschnut!
Du werst's schon iwwerstehe!"

De Hans, der hält aach brav sein Mund
un dippelt mit seim Kättche
dorsch wieviel Läde, Stund um Stund.
Dann wendt sich awwer's Blättche.

„Komm, kaaf Dei Klaad allaans, mein Schatz
un laß mich jetzt in Friede!
Mer treffe uns am Opernplatz",
so sächt de Hans entschiede.

Mächt uff de Stell dann aach die Mick,
als kräächt er sonst sei Knippel.
Sei Kättche hat dann endlich Glick
un kaaft e Klaad mit Dippel.

Jetzt dippelt se zum Opernplatz,
wohie ihrn Mann entschwunne.
Der hockt dort sittsam uff seim Platz,
sei Fieß im Lucae–Brunne.

Hoffe derf mer immer

Die Lieb is schon e seltsam Spiel,
könnts nenne „Katz un Maus“.
Un oftmals kimmt mer aach ans Ziel,
nur, manchmal werd nix draus.

Verspiern duhts unser Barbara.
Sie werd vom Paul gemiede.
Doch plötzlich rieft er widder aa.
Da treibt ihr Sehnsucht Bliede.

Denn, als der maant: „Du bist zum Glick
dehaam! Ich will was fraache.“
Da spiert sen Schauer iwwerm Gnick
un krieht verträumde Aaache.

Se hofft un denkt: „Der is allaa
un lädt mich ei zum Esse.“
Un zieht im Geist dann aach schon aa
e Kleid mit Raffinesse.

Doch gibts kaa Widdersehensfreud,
denn Paul der fraacht bloß echt:
„Waaßt du, wie mer fer zwanzich Leut
e prima Maibowl mächt?“

De Umweech iwwer die Äppelweistraß

Von Hibdebach die Angelika
mächt mit ihrm Alde Gediwwer.
Un der guckt träumerisch iwwern Maa
nach Dribdebach eniwwer.

Dann schennt er: „Fraa, laß mich doch in Ruh
un halt aach endlich Dei Klapp!
Ich mach die Mick un setz mich im nu
nach Sachsehause jetzt ab!“

Sei Fraache lenkt uffs Wasser ihrn Blick
un schneddert: Da hast Des net weit.
Hier gleich uff de Brick – hie un zurick.
Vergesse is schnell unsern Streit.

Ihrn Alde rümpft sei Himmelfahrtsnas
un rieft: „So leeft jeder Penner!
Ich nemm die „Hessisch Äppelweistraß,
denn des is en Weech fer Kenner!

In Staanem fängt die haargenau aa.
Doch fahr ich net mim Mercedes.
Mer muß sich trimme, drum is des klar,
ich will des schaffe per pedes!

Nadierlich geht des net ganz so schnell.
Die Straß hat viele Statione.
Un fer so en stramme Wandergesell,
da muß sich die Tour aach lohne!

No, freilich kosts mich aach ziemlich Mieh.
Kaan Weech kann ich mer schenke.
Zu jedem Wirt, da muß ich mal hie.
Mer derf ja niemand kränke!

Aach muß sich jeder Besuch rentiern.
Will schließlich Schoppe aach petze.
Mit Äppelwei gut mei Gorjel schmiern.
Da laß ich mich werklich net hetze.

Drum, Fraache, sei Dir dadriwwer klar
– un laß Dein Unmut sause –
ich brauch bestimmt e gut Verteljahr,
bis ich bin in Sachsehause!"

Die Trimm-Dich-Tour

Des Settche hockt vorm Kleiderschrank
un is sogar am Flenne.
Ihr Mann, der lacht sich beinah krank,
duht letztlich awwer schenne:

„Ach Fraa, des hawwich komme seh,
daß Dir Dei Hos net baßt!
Ißt dauernd Tort un Pralinee!
Jetzt hast De halt Dei Last!

Mer wandern awwer trotzdem heut!
Ich hoff, Dir is des klar!
Verderb mer bidde net die Freud
un stell Dich net so aa!

Schlupp in Dei Hos, schee nach un nach
un baß e bissie uff!
Ich zieh Derr mit de Beißzang aach
de Reißverschluß enuff!

Un wenn De heut kaa Rippche ißt,
en Appel nur, en große
un siwwe Stund gewandert bist,
dann basse aach die Hose!"

Des Settche gibt ihrm Karl en Kuß
un duht ihrn Speck verstecke,
schiebt speeder sich dann in de Bus
wie'n kerzegrade Stecke

un schickt zum Himmel e Gebet,
er soll ihr Hos erhalde.
Doch war's da leider schon zu speet.
Drum sächt se zu ihrm Alde:

„Nach meiner Weisheit letztem Schluß,
is unser Tour verratzt.
Mer bleiwe hier im Omnibus!
Mei Hos, die is geplatzt!"

Der einsame Wanderer

„Das Wandern is des Müllers Lust!"
So singe oft die Leut.
Doch heut, da bringts dem Theo Frust
un ausnahmsweis kaa Freud.

Er rennt alsfort im Taunus rum
bersch-uff un aach bersch-ab.
Marschiert sei Absätz schepp un krumm
un schnauft aach net zu knapp.

Dort uffem Baumstamm mächt er Rast
un stöhnt: „O weih – o weih.
Mein Gott, was hawwich heut mei Last!"
Da komme Leut vorbei.

Die maane: „No, gut ausgeruht?
Sie hadde müde Baa.
Nur finne mir des gar net gut,
des Wandern so allaa!"

De Theo maant: „Des stimmt net ganz!
Ich wander mit em Klub.
Doch, plötzlich sah ich nur de Schwanz
noch von der ganze Grupp.

Doch, meistens krieh ich viel Applaus,
als trefflichster Marschierer.
Aaach war ich bis zur Schnäpsjerpaus
de heudich Wanderfiehrer!"

Äppelweisport

Zwaa Freunde sin sich driwwer klar:
„Die Faulheit, die hat e End!
Mir wern jetzt sportlich – alle zwaa!
Drum werd kaa Zeit mehr verschwendt!"

Der Aane gleich en Vorschlaach hat:
„Mir steckt da was in de Nas.
Ich such de Weech hier uff de Kart
zur „Hessisch Äppelweistraß“.

Dann wandern mir von Ort zu Ort,
gemietlich un in Etappe.
Bis morje abend sin mer dort.
So duht des sicher gut klappe.“

Da rieft der Annern: „Nix wie hie!
Dort könne mer uns gut trimme!
Der Wunsch verleiht mer Energie
im Äppelwei mal zu schwimme!“

Die Antwort uff e dumm Fraach

En scheene Haushalt is was wert!
Ja, des bleibt unbestridde.
Un nie hat sich de Max beschwert,
denn er war stets zufridde.

Doch, als er heut die Dür reikimmt,
da packten gleich de Graus
Er denkt: „Ach Gott, ich bin bestimmt
net in meim eichne Haus.“

Erkennt, jedoch, aach im Moment
sein Jobbel un sei Schlabbe,
was ihn veraalaßt vehement
dorschs Häusje dann zu dabbe.

Un unner lautem „Eijeijei“
steht er dann in de Kich,
wo Schale noch vom Friehsticksei
un Deller uffem Disch.

Er bahnt zum Kiehlschrank sich en Weech.
Doch hat er da gleich Pech
un kimmt mim Aamer ins Geheech
un drei Körb Bischelwesch.

Die Stubb is aach net uffgeraamt
– e gänzlich neue Masche –
noch is sein Sessel eigerahmt
von Krimmel un von Flasche.

Kaa bissie Esse steht bereit
fer ihn, den Prinzgemahl.
Was duht der Ärmste sich da leid
un denkt: „Ich hab kaa Wahl.

Ich krabbel aafach in mei Bett
un saach: Gut Nacht bees Welt!
Des Chaos, hier, betrifft mich net.
Ich habs ja net bestellt."

Doch hat er gründlich falsch gedacht.
Verdeppel – ungelooche!
Die Betten, die warn ungemacht.
Noch net emal bezooche.

Bedeppert steht er schließlich da
un mächt sich gründlich Sorje.
Er denkt: „Was is mit meiner Fraa?
Wo hält die sich verborje?"

Da hört er Plätschern ausem Bad.
Er guckt un glaabts ja kaum.
Dort lieht in siwwendreißich Grad
sei Liss im Badeschaum.

De Max is net grad hocherfreut
un maant: „Es is schon acht!
Ei Schatz, was haste De dann bloß heut
de ganze Daach gemacht?"

„Die Fraach, die hawwich schon erwart“,
sächt seeleruich sei Fraa,
„denn die, die stellst De mer knallhart
schon iwwer zehe Jahr.

Doch heut, wo ich mal nix gemacht,
da müßt Des endlich wisse.
Un jetzt, mei Mäxje gebb gut acht,
jetzt derfst De mich aach kisse.“

Tierisch ernst

Im Frankforter Exotarium gleich links

Im Wasser schwimmt en Pinguin
genießerisch erum.
Vier annere mit kalder Mien
stehn uffem Eisblock rum.

Der aane maant: „Der werd net mied.
Mer kanns aach iwwerdreibe.
Wobei der bloß e Schau abzieht
fer Mensche vor de Scheibe."

„Ja, ja," reecht sich sein Nachbar uff,
„ich wett um Fischjer – sibbe,
des Volk da drauße wart bloß druff,
daß mir ins Wasser hibbe."

„Un deshalb will ich grad jetzt net."
De Dridde hats gedacht.
De Verde awwer schiddelt sich
vor Lache un er sacht:

„Un wie die aagezooche sin!
Die hawwe kaan Geschmack!
Kaa klare Linie lieht da drin!
Un kaaner träächt en Frack!"

Am Maunzeweiher

Es quakt en glitzeklaane Frosch
sei Lieder zum Entzicke.
Die Mama Frosch schennt: „Halt Dei Gosch!
Verjaachst uns ja die Micke!"

Da muckt der klaane Hipper uff:
„Alsfort dieselbe Leier!
Ich hau jetzt ab, verlaß Dich druff,
hier aus dem Maunzeweiher!“

„Ach, bidde, duh mer des net aa“,
duht jetzt sei Mudder flenne.
„En Weiherfrosch, wie Du, so klaa,
duht doch die Welt net kenne!“

Des Fröschje maant: „Daß ich net lach!
Redd so kaa dumme Sache!
Ich will doch bloß nach Offebach
un dort Karriere mache!“

„Aach naa, mei Kind, bleib liewer hier!
Dort werst De bloß betrooche!
Die Wedderfrösch sin net wie mir!
Die sin so orsch verlooche!“

E rätselhaft Krankheit

EnTierfreund schleppt sein Babbegei
ganz frieh am Freidaachmorje
im Keefich zu em Tierarzt nei
un maant: „Der mächt mer Sorje!

Er werd so wunnerlich, der Borsch,
duht seltsam aach agiern.
Drum checke sen am beste dorsch
jetzt gleich uff Herz un Niern."

Der Dokter gibt sich alle Mieh
un stellt die Diagnos:
„Krank isses net des Feddervieh.
Sein Zustand is famos."

Da rieft der Mann: „Des glaab ich net!
Der Voochel hat en Rabbel,
is hinnerlisdisch aach komplett,
schon weeche seim Gebabbel!

Un was jetzt kimmt, des is kaan Witz:
Der hat mich soo verlade
un unlängst an de Steuerfritz
mei ganze Tricks verrade!"

Na sowas

Im Gadde leeft en Kader rum
un guckt ganz depremiert.
Da kimmt sein Freund un fraacht korzum
„Was is Derr dann bassiert?

Ich seh Dich schleiche Nacht fer Nacht.
Drum duh ich Dich jetzt fraache,
was Dir so orsch zu schaffe macht?
Mir kannst De alles saache!"

„Ach, vielen Dank, Du hast ja recht!
Bin gänzlich ausem Häusje.
Glaab selbst sogar, ich hab ganz echt
e bissie was am Sträusje.

Mit Kätzjer hawwichs ganz versiebt.
Die reiße vor mir aus.
Zwar, hawwich mich ganz doll verliebt,
doch, leider in e Maus."

Kaan gude Umgang

E Hundemama steht vorm Zaun
un schnuppert geeche'n Wind.
Dann schiddelt se ihr Fell, des braun
un warnt ihr Dackelkind:

„Da driwwe faucht e Miezekatz,
die hinnerhäldisch Musch.
Will die Dich kratze mit de Tatz,
da hau bloß ab – husch, husch!"

Doch, aach net jeder Hund is ganz
von Falschheit freizustelle.
Denn, wedelt der aach froh mim Schwanz,
er kann sich leicht verstelle.

Zum Beispiel, von dem Bello dort
mußt Du Dich distanziern,
sonst duhst De, hier mei Ehrenwort,
Dein gude Ruf verliern!

Der Spitzbub, der is kriminell!
Sein Herr – en Mann mit Glatz –
der zahlt kaa Steuern – prinzipiell,
drumm bellt der Kläffer schwarz!“

Awweitslos

Zwaa Störch, die stehe uffem Dach
gleich newer de Antenne.
De aane klappert: „Weh un aach!“
De annere duht flenne:

„Ich fiehl mich innerlich so leer
un komm mer vor wie’n Deppe.
Kaan Mensch gibt aam de Ufftraach mehr,
e Bobbelche zu schleppe.“

„Ach ja, mein Freund, so is des halt“,
duht aach sein Kumpel klaache.
„Die maane halt, mir wärn zu alt
un könnte nix mehr traache.“

„Naa, Adebar, der dicke Hund
lieht annerswo begrawe.
Mer duht, obwohl mer sin gesund,
an uns halt net mehr glawe!“

Familieres – lieb un herzlich

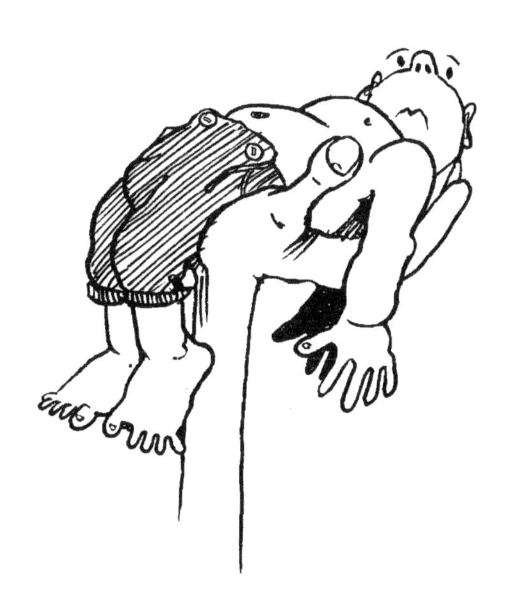

Vadderstolz

En Wanderfreund is Vadder worn,
duhts fleißich gleich begieße
un läßt aach Bier un Doppelkorn
fer all sei Freunde fließe.

Un sächt: „Der neue, klaane Borsch
muß groß gefeiert wern!
Drum mache mer bis morje dorsch!
Kneift ja net, meine Herrn!“

Ganz stolz guckt er am annern Daach
persönlich nach seim Hobbes,
un als die Schwester nach un nach
hat freigeleecht de Bobbes,

Da rieft er aus: „Ach Gott, wie sieß!
Was is der gut gerade!
Des Kerlche hat ja Wanderfieß
un aach ganz stramme Wade!

Ach Fraa, des Biebche mächt mer Spaß!
Mein Schatz, Dir schenk ich Rose!
Fürn Klaane hawwich aach schon was;
sei erste Kniebundhose!“

En gewitzte Sprößling

En Sohn gar oft en Lausbub is,
drum muß mer manchmal schenne.
Doch, bringts bestimmt kaa Kümmernis,
kann mer’n en Schlaukopp nenne.

Wie unser Rolf, der kimmt gedappt
un duht verschmitzt dann saache:
„Ich hab heut ebbes uffgeschnappt.
Mir platzt ja fast de Kraache!

En Schlaue will die Leut belehrn
un maant total verbisse,
daß Vädder, weil se älder wärn,
mehr, als ihrn Filius wisse.

Wer so was sächt, der denkt net clean
un soll sein Schnawwel halde.
Denn wer erfand die Dampfmaschin?
James Watt – un net sein Alde!"

Die besser Taktik

Bei Sommers is de Deiwel los
un owwedrei dick Luft.
De Vadder schnappt sei Ausgehhos
un is sogleich verduft.

Druff wetzt die Mudder in ihr Kich,
zerdeppert siwwe Deller
un babbelt lautstark als mit sich,
flitzt rum, grad wien Probeller.

Sie hätt fer sich e Audo gern.
Doch will ihrn Mann kaans kaafe.
Er maant, Verschwendung lääch ihm fern.
Sie hätt ja Zeit zum Laafe!

Des Döchterche, im Vorplatz draus,
hat alles mitgehört.
Dann rieft se zu de Mama naus:
„Du reagierst verkehrt!

Den Babba kriehste nie erum
mit Motzerei un Schenne!
Duh liewer leide still un stumm
un herzzereißend flenne!"

Hie- un hergerisse

E Aanzelkind – so maant mer oft –
des wärs Allaasei mied,
un daß es uff Gesellschaft hofft,
indems Geschwister krieht.

Ganz anners is de Benjamin.
Als der vernimmt: „Mein Guder!
Mer kriehn jetzt bald en Friedolin,
fer Dich en klaane Bruder!

Dann bist De net mer so allaa
un hast e Kind zum Spiele!“
De Benjamin hört sich des aa
im Wirrwarr der Gefiehle.

Erst guckter uff sein Hebekran,
– vom Oba e Geschenk –
dann sorjevoll zur Eisebahn,
als hätt se schon die Kränk.

Un maant: „En Bruder will ich net,
so’n klaane dumme Fratz!
Den dausch ich um bei der Annett
un nemm defier ihr Katz!“

Dann duhter awwer in sich geh’
un maant mim Blick, em brave:
„E Briederche wär doch ganz schee!
E Katz, die kann mer kaafe!“

Die Familiesparbüchs

Gar wertvoll sin Familiebande,
wenn die nach Eitracht strewe.
Un komme die emal abhande,
so fehlt de Sinn im Lewe.

Die Kinnercher wern lebensfroh,
wenn Eldern ebbes dauche.
Doch Letztre könne eweso
emal ihrn Nachwuchs brauche.

Sowie bei Nachbarn, namens Krupp,
’ner Bilderbuchfamilie.
Die Mudder kocht Gemiesesupp.
Nur fehlt die Petersilie.

Doch weil ihr grad des Klaageld fehlt,
um schnell des Kraut zu kaafe,
spontan se uff die Sparbix zeehlt
vom Sohnemann, dem brave.

Sie findt en Zeddel – des is stark –
Druff steht in Druckschrift – grader:
„Ich hab entliehen zwanzig Mark.
Es grüßt Dich lieb Dein Vater.“

Noch emal devoogekomme

Die Kinner sin des größte Glick
in jeder gut Familie.
Un Möllers hawwe siwwe Stick.
Des Jüngste heißt Emilie.

Doch rieft mers immer Mielche bloß,
weils anners net gehorscht.
Korzum, es is e Steuweoos,
was stets fer Wirbel sorscht.

Was ganz schee an die Nerve geht
im allzu enge Häusje.
Drum braucht die Mama ganz konkret
halt ab un zu e Päusje.

Sie hockt sich in de Sessel nei
un schließt erschöpft die Aache.
Da kimmt des Mielche grad erei
un maant: „Ich will was saache!

Den Korb, hier, schickt de Nachbar Riss.
Du sollst Dich gleich besinne!
Un wenn De rätst, was drinne is,
dann duhst De des gewinne.

Un, bidde, rat e bissie schnell!
Ich helf Derr, des is klar.
Es mächt miau un hat e Fell
un achtunzwanzich Baa."

Die Mama sächt: „Des rat ich net!
Hab eh schon siwwe Schätzjer!
Mei groß Familie is komplett!
Brauch net noch siwwe Kätzjer!"

En Oba muß viel wisse

En Stebbel, der was lerne soll,
dem derf mer nix verschweiche
un muß, was schee un wunnervoll,
ihm stets erklärn un zeiche.

Nur hawwe Eldern oft kaa Zeid
zum Schlendern dorsch die Stadt.
E Kind werd trotzdem blitzgescheid,
wenns dann en Oba hat.

So, wie de Thomas – jetzt grad sechs –
mit dunkelbraune Aache.
Sein Oba is als ganz perplex
im Hieblick uff sei Fraache.

Dann denkt er manchmal so fer sich:
„Hier treibt Gescheidheit Bliede.
Dem Bub hier muß mer sicherlich
was ganz Besonn'res biede.

Am Sonndaachmorje nach de Kersch
hol ich des Berschje ab.
Dann dappe mir dorsch's „Senckenbersch"
un forsche net zu knapp."

De Saurier ihrn Knochebau
un annere Skeledde
betracht der Bub sich ganz genau
un duht dann schelmisch redde:

„Die viele Knoche – Oba saach,
duhn die Dir aach gefalle?
Wie geht des, daß die uff aan Schlaach
jetzt all zusammefalle?"

Omasorje

E Oma liest un hat ihrn Spaß
– es kam en Brief vom Enkel –
un schlürft ihrn Kaffee aus 'ner Tass
– geblimmelt un mit Henkel.

Nadierlich find se alles gut,
was Hannes ihr so schreibt,
zieht trotzdem sorjevoll e Schnut,
mit sich im Widerstreit.

Un korzentschlosse holt se schnell
ihr Schreibzeuch aus de Stubb
fängt aa zu schreiwe uff de Stell:
„Mein liewer, liewer Bub,

erfreulich, daß De jetzt studierst
un lerne duhst en mass,
mordsmäßich Strebsamkeit verspierst,
– ich waas, Du bist e Ass –

un daß mit Deiner Annabell
so alles is in Budder.
Doch macht mich besser net so schnell
am End zur Urgroßmudder!“

Entfernunge sin relativ

Im Lewe duht seit altersher
uns vieles gar net basse.
Un Müdder duhn sich oftmals schwer
ihr Kinner loszulasse.

Wie's Lehnche von de Berjerstraß!
Ihr Herz kloppt iwwerzwersch!
Sie flennt un schneuzt sich als die Nas,
guckt uff die Josefskersch

un denkt: „Hier is de schönnste Ort!
Ich könnt mich niemals trenne.
Un unsern Bub will von hier fort.
Der duht sich doch verrenne!

Dezu ertönt Gesang im Bad.
Der schwächt noch mehr ihr Glieder.
Beim Dusche singt ihrn Alde grad
beseelte Abschiedslieder.

„Sei still," so rieft se uffgebracht,
die Lieder sin en Graus!
Vorhin hat grad de Bub gesacht,
er geht un wandert aus!"

De Vadder stellt des Wasser ab
un kriehts sogar verziehe,
als er mit nasse Fieß rumdappt
wo all die Deppich lieje.

Er maant: „Was nitzt da Histerie?
Vernunft, die muß hier sieche!
Un kimmt mer net mim Audo hie,
da kann mer Fluchzeuch flieche!“

Doch wüßt ich gern genau Bescheid.
Wo will er’n hie de Borsch?
„Ach Mann, ich finds so forschbar weit!
Der zieht nach Isseborsch!“

E bissi besinnlich

Elternschaft kost Kraft

Wenns em liewe Gott gefällt
un e Kind kimmt uff die Welt,
sin die Eltern aacheblicklich
forschbar stolz un iwwerglicklich,

weil der Borzel ganz gewiß
schee un gut gelunge is.
Trotzdem is mer sich aach klar,
daß des Bobbelche, des klaa,
Daach un Nacht, obwohls orsch schlaucht,
ziemlich viel Betreuung braucht,
weil die Nestwärm Weeche spinnt,
die bedeutsam sin fers Kind.

Allerdings, sei hier betont,
werd mer gleichfalls reich belohnt.
Schon e aanzich Kinnerlache
duht sich selbst verhunnertfache,
weils von Sorje abgeriechelt,
so, des Elternglick besiechelt.

Schließlich leefts erum des Kind,
lernt sei Muddersprach geschwind,
krieht sein Ranze fer die Schul,
gibt sich selbstbewußt un „cool“,
was beflüchelt Elternträum
Wünsche wachse hoch wie Bäum.

Insgeheim werd uffgereiht,
was sich biet an Sicherheit,
kommerziell un finanziell,

odder intellektuell,
was der Sprößling ungeriehrt
meist nur wenich honoriert.

Erst wenns Kind aus eich'ner Kraft,
dann sein Sprung ins Lewe schafft,
selbst hat Dochter odder Sohn,
zollt es Mudder – Vadder Lohn,
weils jetzt selber breitgestreut
waas, was Elternschaft bedeudt.

Unser Kinner sin e Kostbarkeit

Kinner sin der Quell des Lebens!
Unser Welt dreht sich vergebens,
blieb aach trostlos, öd un leer,
wenn kaa Kind im Aamarsch wär,
was uns sinngemäß konkret
sächt, wies Lewe weidergeht.

So viel Lieb hats zu verschenke!
Duht mit Absicht niemand kränke,
awwer unbewußt belehrn.
Scherbe aach zusammekehrn
un Erwachs'ne, die zerstridde,
mühelos zusammekidde.

Klar, so'n Steppel mächt aach Krach,
kloppt un trommelt alles wach,
duht aam nerve mit Gebabbel,
odder mit Erumgezabbel.
Doch, wer schennt un rieft : „Oh weh!“
Duht von Kinner nix versteh'!

Streng erziehe, maant mer da,
müßt mer halt die Kinnerschar,
owwedrei de Bobbes haache,
wenn se schlimme Wörder saache,
die die Bube odder Görn,
ohnehie von Große hörn.

Wenn e Kind dann älder werd,
sich im Tonfall manchmal errt,
duht die Eltern aach mal kränke,
Schul net gern Beachtung schenke, –
sollte Große sich doch saache:
„Kaaner hat bloß gude Daache!“

Doch, net nur Verständnis zeiche!
Besser stellt mer kluuch die Weiche
un duht liebevoll belehrn!
Nie uff Züchtichunge schwörn,
daß en Mensch von hohem Wert
uns'rer Zukunft werd beschert!

Nächstenlieb

Es wächst e Blimmche uff de Erd
mit herzensgudem Trieb.
Es blieht un duft so unbeschwert
un nennt sich Nächstenlieb.

Sein Wahlspruch is Barmherzichkeit.
Es lindert Pein un Schmerze,
vergißt debei sei eiche Leid
und Traurichkeit im Herze.

Gezeichent von Bescheidenheit
werds leider oft getrede.
Doch selwer frei von Bidderkeit,
dehts niemals Haß vertrede.

Wie oft, da stehts am Weechesrand
von Einsamkeit zerrisse
un trotzdem reichts Derr stets die Hand,
sollst Wort un Trost net misse.

So mancher Mensch wär frei von Leid,
wenn ihm Gewißheit blieb,
daß ihm e Blimmche stünd zur Seit,
mit Name „Nächtenlieb“.

Motze kann ich schlecht

Hab oft mich innerlich erforscht
un wollt's de annern zeiche,
dann als beleidicht Lewwerworscht
getarnt dorsch's Lewe schleiche.

Was hawwich Vorsätz schon gefaßt:
„Dem duhst de Nase drehe!
Un wenn de'n aach im Blickfeld hast,
du duhsten iwwersehe!"

So manchen hawwich schon verroppt,
ganz haamlich in Gedanke.
Doch is in mir was, was mich stoppt,
des setzt mer aafach Schranke.

Da sächt ganz leis mei zwaates Ich:
„Komm, duh net weider streide!
Dein Geechner, der hat sicherlich
aach liebenswerte Seite.

Nadierlich könnts vielleicht aach sei,
mer will dich nur verlocke.
Drum guckst de liewer freelich drei'
un schluckst den harte Brocke!"

So kimmts, daß aus meim linke Aach
en Reeche rinnt, en warme.
En Sonnestrahl vom rechte Aach
der duhten gleich umarme.

Ihr stellt mer sicher jetzt die Fraach,
ob ich net hab gelooche.
Guckt selbst, ich hab in jedem Aach
en bunte Reechebooche!

Zum Gebortsdaach

Heut wünsch ich Dir, Gebortsdaachskind,
Gesundheit un viel Glick,
fürs Lebensschiff en gude Wind
un stets en klare Blick

fer alles Scheene in de Welt,
was Dich erfreut von Herze
un Dir aach Geist und Sinn erhellt,
Dich lache läßt un scherze!

Aach Worde, sympathie-verschworn,
die solle Dir erklinge,
weil sie Musik in Deine Ohrn
un aach von Freundschaft singe!

Vor allem, awwer, jederzeit
des Hergotts Gnad un Seeche
un daß Dein Engel Dich begleit
uff alle Deine Weeche!

Dein Lebensbaum sei stark im Wind
im Reichtum seiner Bliede,
daß Dir, dem lieb Gebortsdaachskind
noch viele Jahrn beschiede!

De Mensch von aans bis hunnert

En neue Mensch kimmt uff die Welt,
duht schlucke, hörn un sehe
un trotzdem kann der klaane Held
die Welt noch net verstehe.

Er muß uff seine korze Baa
sei Umwelt erst ergründe
un lerne, wann ihm droht Gefahr,
was gut is un was Sünde.

Er lernt zu lese, was gedruckt,
aach rechne zwaa un zwaa
un wenner keck mit Kirschkern spuckt,
dann isser Zehe Jahr.

Jetzt awwer kimmt e kritisch Zeit;
er fiehlt sich wie gehaache,
wenn aaner hat die Dreistichkeit,
ihn nach de Schul zu fraache.

Duht sich mit Worde duelliern.
Doch erjendwann, da kann sich
der Mensch mim Lewe arrangiern
un werd dadriwwer zwanzich.

Er sucht vermehrt die Zwaasamkeit,
glaabt an der Liebe Macht,
denkt vorerst net an Herzeleid
un wunnert sich wenns kracht.

Kimmt endlich doch des große Glick,
weil er gesucht hat fleißich,
dann packt die Pflicht ihn im Genick.
Inzwische isser dreißich.

Der Mensch denkt plötzlich umgekehrt;
was frieher ihm net wichdich,
findt plötzlich er erstrebenswert
un dorschaus völlich richdich.

Un is Erfolch ihm dann gewiß,
besinnt er sich un werd sich
bewußt mit zarter Kimmernis,
daß er ja is schon verzich.

Begreift dann awwer erjendwann,
daß en gereifte Falder
die Sonn grad gut genieße kann,
weil er im beste Alder.

Doch, gehn die Jahrn aach schnell vorbei.
Er iwwerleecht und stuft sich
selbst ins gesetzte Alder ei,
weil er inzwische fuffzich.

En Mensch mit fuffzich, wie mer hört,
wär net mehr so behend.
Doch, schätzt mer sein Erfahrungswert
dort, iwwerall wos brennt.

Un er genießt des selbstbewußt,
falls er gescheid un sächt sich:
„Mit fuffzich hab ich noch kann Frust,
drum werd ich ganz gern sechzich!"

Des Selbstgebabbel fängt jetzt aa.
doch läßt ers oft schon bald,
weil er sonst laafe deht Gefahr,
mer denkt, er wär schon alt.

Er findt: „De Herbst is aach noch schee!
Un mancher der verliebt sich,
vergißt dadriwwer sei Wehweh
un plötzlich isser siebzich.

Jetzt sieht's e bissie anners aus;
die Siebzich nimmter heider
guckt freundlich aus seim Häusche raus
un denkt noch viel gescheider,

als er in junge Jahrn gedacht,
vertraut uff Gott un sacht sich:
„Wenn ich so freelich weider mach,
dann werd ich aach noch achtzich!"

Un isses endlich dann soweit,
dann werd der Mensch schon stiller.
Is zwar zum Schwätzje gern bereit,
doch meidt er Action-Thriller.

Un wenner noch scharf denke kann,
denkt er: „Die Erbe freu'n sich.
Drum bleib ich da so lang ich kann
un werd vorerst mal neunzich."

Hats werklich dann der Mensch geschafft,
den Daach noch zu erlebe,
un bleibt ihm außerdem die Kraft,
vom Bett sich zu erhebe,

dann horchter in sich nei ganz still,
ergebe un verwunnert
un denkt: „Wenns Schicksal halt so will,
dann werd ich aach noch hunnert."

Nur, ob ers werd is net gewiß
un Gott is dienstbeflisse;
Er waaß halt, dasses besser is,
für'n Mensch, es net zu wisse!

Älder wern – na un

Wenn mer sich kaansfalls hat geerrt
un dann tatsächlich älder werd,
da duht mer sich bestimmt net kränke,
defier, jedoch, an frieher denke,

versucht im Geist dann ganz verstohle
die Zeit im Bild zurickzuhole;

Mer sieht sich selbst in junge Jahrn
grad, wie de Blitz mim Fahrrad fahrn,
aach torne wie die wilde Affe
un wie en Brunnebutzer schaffe,
denkt noch, des ging zu jeder Zeit
so weider bis in Ewichkeit.

Un falls dann werklich aaner kimmt
der zu aam sächt, daß des net stimmt.
Er deht da aus Erfahrung spreche.
Im Alter kräächt mer schon sei Schwäche
un Zipperlein so allerlei.
Des will net in de Kopp enei!

Doch, wenn mer selber älder is
un spiert dann doch mit Kimmernis
sein Knochebau, so Zoll fer Zoll,
beim Boogy un beim Rock and Roll,
da denkt mer ehrlich un gerecht:
„No ja, der hat tatsächlich recht!"

Nur, denkt mers unner Vorbehalt.
Mer fiehlt sich deshalb doch net alt!

Im Geechedeil, mer hat Humor,
mächt junge Mensche oft was vor,
die net emal e Blimmche freut.
Ja, des sin werklich „aale“ Leut!

Gewiß, des Altwern hat sein Preis.
Doch kann e Oma, beispielsweis,
mit Hieblick uff die inn're Werte,
oft mit em fremde Oba flirte,
ganz ungestraft un sorjefrei,
weil jeder denkt: „Bloß Uzerei!“

Was gleichfalls fer de Oba gilt,
der manchmal pfeift dynamisch wild
un owwedrei de Bauch eizieht,
sobald er junge Meedcher sieht.
Mer winscht em höchstens orsch viel Freud,
weils schließlich Lebensmut bedeut!

So hat, un des steht außer Fraache,
de Herbst noch viele scheene Daache!
Un wer mit Spaß un mit Bedacht
aus allem noch des Beste macht,
der hat bei seine Altersschmerze,
trotz allem, immer Sonn im Herze!

Advent
Weihnachte un Jahreswechsel

Adventszauber

Mei Frankfort glänzt im Lichterschei'.
Posaunechor erklingt.
En Engel guckt zum Fenster nei,
dort, wo mer Lieder singt.

Die Göttin der Gerechtigkeit
– genannt Justitia –
sie urteilt ohne Bidderkeit
un blickt uns gnädich aa.

De Domtorm neicht sich väterlich
inmitt der Silhouett.
De Maa fließt stolz un feierlich
dorschs kalde breide Bett.

De Goethe schwebt zum Himmel naus,
besucht sei Vadderstadt.
Er grüßt beweecht sei Eldernhaus,
des ihn verewicht hat.

Aaach unsern Stoltze is debei,
duht Geist un Sinne lenke,
daß mir, von Vorurteile frei,
an unser Heimat denke.

Nur wer sei Frankfort herzlich liebt,
verteidicht, schätzt un kennt,
erlebt den Zauber ungetrübt,
wenns Lichterkränzje brennt!

Gedanke zum Advent

Lichtche leucht mit hellem Schei'
uns im Zauber des Advent,
weil Dein milde Widderschei'
dief in Menscheherze brennt!

Aus des Herrgotts starke Hände
hast erhalde Du die Macht,
Tröstung mancher Seel zu spende,
die verzweifelt is un wacht.

Lichtche leucht uns allerweeche,
daß mer sehn des Nächsten Leid!
Mitgefühl soll uns beweeche
für de Mensch in Einsamkeit!

Laß uns Ehrlichkeit erkenne
aach im fremde Aagesicht,
was im Abseits oft duht flenne
un e anner Sprach aach spricht!

Lichtche leucht un laß uns lenke
unser Schridde hie zur Not,
daß mer aach an die Leut denke,
dene feehlt des däächlich Brot!

Jedes Bröckche Esse zeehlt,
was verurdeilt zum Verderwe,
weils em Annern wied'rum fehlt,
der de Hungerdod muß sterwe!

Lichtche leucht un bring zum Schweiche
Stolz un Iwwerheblichkeit,
die nur iwwerdeutlich zeiche
eich'ne Unzulänglichkeit!

Schenk nur dene Worde Flüchel,
die voll Nachsicht sich beweeche!
Annere leech aa die Züchel,
die bloß Ärjernis erreeche!

Lichtche leucht, mach endlich frei,
die, die stets nach Macht nur strewe,
von brutaler Tyrannei,
die oft spielt mit Menschelewe!

Gebb, daß Lieb den Haß bezwingt,
der sich geeche Nachsicht sperrt,
un dann von Versöhnung singt,
daß in Friede Weihnacht werd!

Kinnerwünsch

Es hat en klaane Gernegroß
en Wunsch, en ganz, ganz fromme:
„Lieb Christkind, liewer Nikeloos,
duht doch zusamme komme!

Zu zwaat, des is doch sonneklar,
da kann mer viel mehr schleppe.
Des is zu schwer fer aan allaa
uff unsre steile Treppe.

Ach bringt mer doch e Mickymaus
e Pferdche un e Rädche,
dem Schwesterche e Bobbehaus
un aach e Kaufmannslädche.

Doch, was mein große Bruder möcht,
des kann ich Euch net saache.
Un sicher wärem des ganz recht,
deht Ihr en selwer fraache.

De Eldern schenkt am beste Geld
fer Schokelad un Plätzjer.
Denn isses da drum schlecht bestellt,
dann knoddern mir, mir Schätzjer."

E himmlisch Diskussion

De Petrus sächt zum Nikeloos:
„Es läute schon die Glocke.
Dein Ufftraachsdienst is riesegroß.
Auf, mach Dich uff die Socke!“

„Des schlaach Derr liewer ausem Kopp“,
duht der ganz grimmich brumme.
„Ich saach Derr's ins Gesicht ganz grob,
such Derr en annern Dumme!“

De Petrus schennt: „Du hast en Knall!
Des kannst De doch net mache!
Vermißt De net die Kinner all,
die dankbar sin un lache?“

„Ganz richtich, des is gar kaa Fraach.
Die duhn mer sicher fehle.
Nur muß mer sich halt heutzudaach
als Nikeloos orsch queele!“

„Doch frieher“, maant de Petrus da,
da kamst De aa per pedes.
Jetzt bist De doch viel besser draa.
Heut fährst de mim Mercedes.“

De Nikeloos rauft sich de Bart:
„Da duht de Kernpunkt lieje!
Ich hab e Audo von Format
un kann kaan Parkplatz krieje!"

En Weihnachtsufftraach

Viel Sternekinner wern belehrt.
Die duhn sich net beklaache
un fahrn enunner uff die Erd
im „Große Bär" seim Waache.

Sie solle unnerm Himmelszelt
der Mensche Sinn erleuchte,
weil die uff ihrer bucklich Welt
so dringend Friede bräuchte.

Die Sterncher schwebe dorsch die Nacht,
beseelt von ihrer Pflicht
un leuchte jedem mit Bedacht
ins Herz un ins Gesicht.

Wer sei Gedanke friedlich lenkt,
dem spende se Applaus.
Doch wer an Kriech un Terror denkt,
den schicke se ins Aus.

Doch, als ihr Ufftraach is beendt,
da schmeckt der Frust orsch bidder,
denn die, die wo mer Querköpp nennt,
die komme ganz schnell widder.

Da maant e Sternche, was orsch flennt:
„Des hat uns hart getroffe.
Obwohl die Menschheit is verblendt,
duhn mir halt weider hoffe!"

Im Stall von Bethlehem

Des Jesuskind lieht in de Kripp
un lächelt lieb un treu.
Es hat kaa Kinnerwiech mit Schlipp.
Des Biebche ruht uff Heu.

Sei fromme Eldern alle zwaa,
die streichle sanft sei Bäckcher.
Drei Köniche, die bringe dar
Geschenke in de Säckcher.

Un Ochs un Esel gucke zu.
Se riehrn sich net vom Fleckche.
Dann unnerbricht de Ochs die Ruh,
stampft uffgereecht im Eckche

un sächt dem Esel leis ins Ohr:
„Ich duh mich forschbar kränke.
Kimmst Du Derr aach so schäbisch vor?
Mir hawwe kaa Geschenke."

De Esel maant: „Des mächt doch nix.
Nachts kriecht die Kält dorsch Ritze.
Was hilft dem Kind e golden Büchs.
Mir könnem besser nitze."

„Ach Esel, Du bist so gescheid,"
kimmt jetzt de Ochs ins Schwärme.
„Mir mache uns vorm Krippche breit
un duhn des Kindche wärme.

Un braucht des Bobbelche sei Ruh,
da müßts uns aach gelinge,
Du mit I-ah un ich mit Muh
e Wiechelied zu singe."

Des Neue Jahr

Vom Neue Jahr werd viel verlangt,
sobald sich's blicke läßt.
Mer hofft, falls die Gesundheit schwankt,
daß Gott aam nie verläßt.

Mer bitt' um Mut, so viel mer braucht,
aach motiviertes Denke,
daß weiderhie de Schornstaa raucht,
ums Lewe gut zu lenke.

Um Eintracht un Familieglick
un aach gesunde Kinner,
die dorsch Verstand un klare Blick
verkörpern die Gewinner.

Daß Freundschaft un gut Nachbarschaft
des Dasein uns erhellt
un daß die Menschheit Friede schafft
uff uns'rer ganze Welt.

Im Herz Humor un Freehlichkeit,
die Traurichkeit vertreibt,
daß Hoffnung un Zufriedeheit
in uns erhalde bleibt.

Neujahrskraut-Wunner

„Eßt Sauerkraut am Neujahrsdaach!"
So hört mers fern un nah.
„Da habter Geld, ganz ohne Fraach,
genuch fers ganze Jahr!"

So isses aach bei Knolls de Brauch.
Doch dies Jahr sin die Drei
schon seit Sylvester mit ihrm Bauch,
so gar net in de Reih.

Drum gibts halt heut zum Neujahrsfest
kaa Kraut un aach kaa Rippche.
Fraa Knoll, die kocht, trotz viel Protest,
e Haferflockesüppche.

Klaa Doris guckt ihr Mama aa
mit vorworfsvolle Aache.
Fängt uff de Stell des Heule aa,
als hätt mer se gehaache.

Dann sächt se plötzlich keck un fix:
„Du mußt des Kraut heut koche!
Sonst werds mim Fahrrad widder nix!
Ihr habt mers doch versproche!"

Frankfort-Impressione

Liewer Eschenheimer Torm

Im fuffzehnte Jahrhunnert,
da hat mer Dich erricht'.
Ich hab Dich stets bewunnert
un lieb Dei alt Gesicht.

Mit Schwede hattst De Ärjer
un dem Franzoseheer.
Aach dünkelhafte Berjer,
die wollte Dich net mehr.

Mer wollt Dich sterwe lasse!
Warst drei mal in Gefahr!
Dehtst net ins Stadtbild basse
mit Deine graue Staa!

Un aaner Deiner Redder,
– Verwunnerung war groß –
des war kaan Frankfortstädter,
des war ja en Franzos!

Doch's Schicksal fand kaa Gnade
nach fünfunsiebzich Jahr.
De Weltkriech kam, de zwaade.
Da warst De widder draa

mit Bombe un Geschosse.
Du hast se abgewehrt.
Stehst stolz un unverdrosse.
Dei Herz is unversehrt.

Jetzt hat mer Dich verweehnt
un neu erausgebutzt,
mit Jack un Hos verscheent,
weil Dei so abgenutzt.

Bleibst Frankfort so erhalde.
Trotzt weider Wind un Storm
un kannst Dich neu entfalde,
Du liewer alder Torm.

Äppelwei-Gebabbel

Die Mundart baßt zum Äppelwei
wie Handkees, Kraut un Rippche,
grad, wie die Sonn zum Monat Mai
un's Deckelche uffs Dippche.

Gebabbel duht de Seel so gut
in froher Rund beim „Stöffche".
So ganz von selwer geht die Schnut.
Da braucht mer gar kaa Äffche.

Un hocke Fremde mittedrei,
die zieht mer ganz geduldich
dann in die Babbelrund mit ei.
Des is mer Frankfort schuldich.

Wie gütich is doch unser Stadt
zu Mensche aus de Ferne.
Sie deilt doch alles was se hat
un läßt se vieles lerne.

Daß Frankfort is so liebenswert,
die Berjer brav un gut.
„Verbrecherstadt" is ganz verkehrt,
wenns aaner saache duht.

Zwar zeicht die Weltstadt, des is wahr,
viel trauriche Gesichter.
Doch annerswo, net nur am Maa,
gibts aach so manch Gelichter.

Wer Frankfort kennt, bringt uff die Reih,
was manchem bleibt verborje.
Er trinkt sein gude Äppelwei
un peift uff Frust un Sorje.

Wie war des mit Bernem

Mei Frankfort hat Anno dazumal
des Bernem orsch bewunnert,
getroffe dann aach e glicklich Wahl
im fuffzehnde Jahrhunnert.

Is schließlich nach „Berje“ ‘nuffgewetzt
mim große Haufe Gelder
un hat dene „Schelme“ abgeschwetzt
des Bernem samt de Felder.

Doch dorft dann noch vier mal hunnert Jahr
un mehr als hunnert Woche
des goldiche Dörfche ganz allaa
sei eich’ne Süppcher koche.

Dann endlich blies Frankfort laut ins Horn:
„Mei Bernem, jetzt auf – hopp hopp!
E Frankforter Schlippche bist De worn!
Mer riehrn jetzt im selwe Dopp!“

Bernem in de gut alt Zeit

Mei Bernem war schon frieher schee,
e Schmuckstick ungelooche,
wo Berjer samt de Hotwolee
aus Frankfort nuffgezooche.

Fer unser Stadt wars, ohne Fraach,
als „Luftkurort“ en Seeche.
Die Luft in Richtung Offebach
war förmlich Dreck degeeche.

Des Volk lief nuff mit Groß un Klaa,
aach Hund un Kinnerwaache.
Die Meedcher hatte Reifröck aa,
die Buwe steife Kraache.

De Fußweech dorsch die Pappelallee,
quer dorsch die Bernemer Heid,
der war aach ganz besonners schee
fer Liebesleut zu zweit.

Un unser Heid wurd weltberiehmt,
– des is ganz werklich wahr –
sie hat als Flugstation gedient
dem Aeronaut Blanchard.

Mit seim Ballon, da stiech der uff
un is dann ungelooche,
ganz mudich un mit heißer Luft
nach Weilbursch „hiegeflooche".

Die Bernemer Gemietlichkeit,
– e ganz besonner Flair –
aach Frohsinn un Gesellichkeit
trieb viele Fremde her.

Vielleicht aach weil so mancher Wirt
gesprengt den strenge Rahme,
un e Bedienung eigefiehrt,
in Form von zarte Dame.

Doch unser Kerb war Höhepunkt
in jedem Jahr uffs neu.
Mer hat mit Fleiß die Schnut gedunkt
im gude Äppelwei.

Die Kucheweiwer, dicht an dicht,
mit ihre Guchelhoppe!
Des war direkt e Berjerpflicht,
sich rundrum vollzustoppe!

De Gickelschmiß war Atraktion
wie heut, nur sollt mer wisse,
kaan Gickel, nur en Dopp aus Ton,
werd da kaputtgeschmisse.

E lustich Dorf, mit viel Verstand,
is Bernem einst gewese.
Heut isses deutlicher Bestand
von „Frankforts Macht un Größe!"

Zum Bernemer Museumslädche

was zur 800-Jahrfeier Bornheim 1994
eröffnet worn is

Daß Bernem, des Gebortsdaachskind,
sich ganz bestimmt net kränkt
un aach sei Image widderfindt,
da kriehts aach was geschenkt:

E Kostbarkeit im neue Kleid,
mer nennts „Museumslädche",
daß mer die alt un neue Zeit
zurickdrehn kann am Rädche.

Un seit heut nacht, um fünf nach zwölf,
verkündt jed Kerschemäusje:
„Des is doch in de Tormstraß elf,
im klaane Fachwerkhäusje!"

Gewiß, es isse bissie eng.
Doch sieht mer ei, warum;
Viel Sicherheit biet nur Gedräng!
Da fällt aach kaaner um!

Un is des Häusje, vorne, aach
an Größ un Platz bescheide,

gleich neweaa gibts, ohne Fraach,
noch größ're Räumlichkeide.

Nur, drinne is noch net so viel.
Es duht noch manches fehle.
Un Nemme brächt aam schon ans Ziel.
Doch derf mer ja nix stehle!

Drum müßte da aach Sache nei,
geschenkte un geschnorrte!
Da wüßt mer gleich von vornerei,
des sin die beste Sorte!

Denn alde Schrifte – Exponate,
Münze – Bilder – Fahne,
die dehte vieles uns verrate
von de Bernemer Ahne.

Mit Nähmaschine, die zu zweit,
hat mer un schon bedacht,
aus guder „Bernemer Wertarbeit",
von „Wertheim" einst gemacht.

Wenn des so weiderging, wärs fein!
Gesetzt sin hier kaa Schranke.
Ob von dehaam, ob vom Verein,
un Bernem dehts uns danke!

„Wanderfalke“ in Bernem

Im Gärtche weht en sanfte Wind
dorch Kohl un Petersilie.
Dort hocke Vadder – Mudder – Kind,
e Bernemer Familie.

Die Fraa, die schwenkt ihr Kaffekann
un sorscht fer volle Dasse,
sächt plötzlich: „Hör mal, liewer Mann!
Ich kanns noch gar net fasse;

Der Hugo lücht un des is wahr,
da bieche sich die Balke!
Es gäb seit fünfundsiebzich Jahr
in Bernem Wanderfalke.

De Lehrer Kunz hats aach gesacht,
er könnt des net verstehe.
Er hätt bei Daach un aach bei Nacht
so Vöchel nie gesehe.

Wärn werklich Wanderfalke da,
da hätte Mäus gefehlt.
Im Gadde hätt erst heut sei Fraa
se alle nachgezeehlt.

Da maant ihr Mann: „Ihr denkt verkehrt!
Hab unlängst erst beim Skat
von Wanderfalke aach gehört,
ner ganz besonner Art.

Die hawwe gar kaa Fedderkleid,
kaan Schnawwel un kaa Kralle
un lasse aach net jederzeit
e klaa Bescherung falle.

Un fleißich is die Vochelschar,
aach mudich un verweeche.
Doch Vocheleier findt mer kaa,
die duhn se niemals leeche.

Die Junge sitze net im Nest,
doch oft uff Henkeldippcher.
Ihr Alde fühle sich gestreßt
un fuddern Kraut un Rippcher.

Un sonndaachs flieche die als aus
mit Wauwau, Kind un Keechel."
„Ach so", rieft jetzt des Söhnche aus,
Du maanst die Wandervöchel!

Ja, die hab ich schon oft geseh.
Mer maant, Ihr wärt all blind!
Da wohne viel in unsrer Neeh.
Die kennt ja hier jed Kind.

E Stickche Kinnerzeit

Mei Mudder sächt: „Auf, kämm Dei Haarn!
Mer müsse ebbes kaafe!
Doch Trambahn werd heut net gefahrn!
Mer duhn ins Städtche laafe!"

Der Umstand is fer mich en Graus,
weil mir schon längst bekannt,
der weite Weech von Bernem aus,
wenn aach, an Vadders Hand.

Die Mama kaaft e Sommerkleid,
de Babba sich en Hut.
Ich, awwer, duh mer selwer leid,
motz rum un zieh e Schnut.

Doch als es Worscht gibt an de Schern,
vergeß ich mei Geheul,
weil dort schon winkt aus naher Fern
die Wertschaft „Zur alt Eul".

Da waaß ich gleich, ich krieh mein Lohn
jetzt fer die Laaferei,
wenn ich dort, ins Orchestrion
en Grosche steck enei,

wo aach der Zauber gleich beginnt:
Bei lautem Dideldum,
im Kreis dann, wie en Wirbelwind,
die Bobbe danze rum.

Un plötzlich stehn se still, jedoch.
Ich fleh mim Beddelblick:
„Ach, Mama – Babba, aamal noch.
Ich laaf aach gern zurick!"

Ich träum so gern von Goethe

Jeder Mensch mit Fantasie
kann sei Träum sich mache,
um in Seeleharmonie
glicklich uffzuwache.

Mich befällts wie Zauberei,
die mein Sinn duht lenke,
hol mer Bilder so ebei,
die mich reich beschenke.

Goethe nachem Musekuß,
wie er denkt un schreibt
un sein Freund, den Pegasus,
dorsch die Lüfte treibt.

Wie er mudich, ohne Forcht,
dorsch die Lande reist,
Bräuch un Geechende erforscht,
Wei un Fraue preist.

Dann sich selbst mit Ehr als Lohn
Frankfort widderbringt,
wo mer stets dem größte Sohn
Ruhmeslieder singt.

Un aach Träumerei beweist
echt un ganz gewiß,
daß im Herze Goethes Geist
stets lebendich is!

Uff Goethes Spurn

Der Johann Wolfgang Goethe
daht Frankfort sicher liebe,
doch Bildungshunger – unstete,
trieb ihn ins Weltgetriebe.

Un heut verfolche mir sei Spurn
mit Stolz seit viele Jahr,
duhn forsche, gucke un aach lurn,
wo unser Dichter war.

Mit Busse reist mer nadierlich heut.
De Goethe hats net so gut gehabt.
Er is beim Beschnubbern von Land un Leut
oft daachelang dorsch die Geechend gedappt.

Net immer stand sein Sinn nach Laafe.
In Cheese wurder dorchgeschiddelt,
uff Pferd un Esel, net ganz brave,
aach Maultiern uff – un abgeriddelt.

Doch brachte ihm gewiß kaan Frust
sei munt're Studienreise,
denn oft daht er nach Herzenslust
aach Wei un Meedcher preise.

Gewiß, die Welt sieht anners aus,
als Goethe se beschriwwe.
Doch findt mer heut noch manches Haus,
wo er des nachts gebliwwe.

Un wer net kann zum Städtche naus
dorsch Länder, Wald un Flurn,
der findt in Frankforts „Goethehaus“
schon aach des Dichters Spurn.

Friedrich Stoltze

En Klabberstorch mit Heimatsinn,
der kam in sanfte Booche
in Frankforts Herz – ganz middedrin –
zum „Rewestock“ geflooche.

Un hat en Genius abgeleecht,
den Dichter Friedrich Stoltze,
der viel in uns'rer Stadt beweecht,
mit der sei Herz verschmolze.

Fer Freiheit, Aanichkeit un Recht
hat er sich stark gemacht
un ohne Ängstlichkeit ganz echt
gesacht, was er gedacht.

Anneliese Brustmann · Mei Babbelschnut un ich

Von Anneliese Brustmann sind bereits folgende Bücher im Verlag Waldemar Kramer erschienen:

Wie mer de Schnabbel gewachse is!

Gedichte in Frankfurter Mundart.
Mit Vignetten von August Schaller.
72 Seiten. 2. Auflage 1991.
ISBN 3-7829-0279-3.

Familie Knorzel

Eine heitere Familiengeschichte erzählt in Frankfurter Mundart
64 Seiten mit Zeichnungen von August Schaller. 1986.
ISBN 3-7829-0326-9.

Familie Knorzel – Zweiter Teil

64 Seiten mit Zeichnungen von August Schaller. 1989.
ISBN 3-7829-0374-9.